THÈSE

POUR LE DOCTORAT

L'ACTE PUBLIC SUR LES MATIÈRES CI-APRÈS SERA SOUTENU,

Le vendredi 5 avril 1850, à 9 heures,

¡Par **André-Augustin-Ernest GAUTHIER**, né à Paris,

Avocat à la Cour d'Appel.

PRÉSIDENT, M. COLMET-DAAGE, Professeur.

SUFFRAGANTS :
{ MM. ROYER-COLLARD.
PELLAT.
FERRY.
VUATRIN.
} Professeurs.
Suppléants.

Le Candidat répondra en outre aux questions qui lui seront faites sur les autres matières de l'enseignement.

PARIS

IMPRIMERIE ET LITHOGRAPHIE DE MAULDE ET RENOU.
Rue Bailleul, 9-11, près du Louvre.

1850

A mon Père et à ma Mère.

JUS ROMANUM.

DE REBUS CREDITIS, SI CERTUM PETETUR, ET DE CONDICTIONE.

(Dig. L. 12 T. 1.)

Rerum creditarum generalis appellatio est et omnes contractus quos alienam fidem secuti instituimus complectitur. Nam cuicum-que rei adsentiamur alienam fidem secuti mox recepturi quid ex hoc contractu credere dicimur; rei quoque verbum generale est.

Sed cum in hoc Pandectarum titulo præcipuè tractetur de condic-tione certi et de mutuo, primum de rebus creditis in genere, et de generali condictione certi, posteàque de mutuo et de speciali condic-tione quæ ex eo nascitur tractandum est.

De rebus creditis in genere et generali condictione certi.

Jam vidimus quæ sint res creditæ, nunc videamus quid sit certum et quæ sit condictio certi.

Certum est, ut nos docet Paulus (lib. 28, ad Edictum), cujus spe-cies vel quantitas, quæ in obligatione versatur, aut nomine suo aut eâ demonstratione quæ nominis vice fungitur, qualis quantaque sit os-tenditur.

Ex Gaio (comm. iv, § 18) apparet condictionem actionem esse in personam quâ intendimus dare nobis oportere; hæc actio unius ex legis actionibus nomen retinuit. Nam cum in urbe per legis actiones litigaretur, primùm sacramenti actio generalis erat, ut apparet ex

Gaio (lib. iv, § 13). De quibus enim rebus, ut ait idem Gaius, ut aliter ageretur lege cautum non erat, de his sacramento agebatur; et tam ad rem vindicandam quam ad obligationum solutionem persequendam per hanc actionem agebatur.

Posteà autem introducta est condictio; hæc legis actio constituta fuit, ut nos docet Gaius (lib. iv, § 19), per legem Siliam et Calpurniam, per legem Siliam ad certæ pecuniæ petitionem; posteàque lege Calpurniâ ad omnis certæ rei petitionem extensa fuit. Condictio appellata est à condicere, quia hâc actione actor adversario denuntiabat ut ad judicem capiendum die trigesimo adesset.

Sed apparet, ex Gaio (lib. iv, § 30) legis actiones paulatim in odium veniisse; namque ex nimiâ subtilitate veterum qui tunc jura condiderunt, eò res perducta est, ut vel qui minimum errasset, litem perderet. Itaque per legem Æbutiam et duas Julias sublatæ sunt istæ legis actiones, effectumque est ut per concepta verba, id est per formulas litigaretur.

Tunc condictionis nomen huic actioni remansit quâ intenditur dare oportere.

Condictiones autem ex variis causis nascuntur. Nam huic actioni locus est quotiescumque alicujus rei dominium translatum est, sive ob justam causam hoc dominium translatum fuerit, velut in mutui datione; sive ob rem honestam si res propter quam datum est secuta non est, tunc condictioni causa data causa non secuta locus est; sive ob rem inhonestam, quoties autem solius accipientis turpitudo versatur, tunc condictioni ob turpem vel injustam causam locus est; sive res cujus dominium translatum fuit non debita fuerit, tunc condictioni indebiti locus est. His in casibus obligatio re contrahitur, et is qui accepit pecuniæ numeratione aut rei quam accepit dominii translatione obligatur. Nascitur etiam condictio ex stipulationibus, ex obligationibus quæ litteris contrahebantur, ex testamento cum quid per damnationem legatum fuit, et ex lege, quâ condictione agendum est si obligatio lege novâ introducta sit, nec cautum eâdem lege quo genere actionis experiamur. Odio quoque furum introducta est condictio furtiva.

Duo autem sunt condictionum genera, condictio certi, condictioque incerti.

Sed praecipuè certi condictionem condictionis nomen servare notandum est. Condictio autem incerti variis nominibus designatur, verbi gratiâ actio ex stipulatu, quæ competit cum quid incertum petitur, quod in stipulationem deductum est, actio ex testamento, quæ competit cum quid incertum petitur, quod per damnationem legatum est.

Quum id quod creditor à debitore recipere debet est aliquid certum, locus est generali condictioni certi ; quum autem id quod creditor intendit debitorem dare aut facere oportere est aliquid incertum, condictioni incerti locus est.

Condictio certi nascitur generaliter ex omni causâ, et ex omni contractu ex quo certum petitur, sive ex certo contractu, sive ex incerto, et sive re fuerit contractus factus, sive verbis sive conjunctim; et non tantum ex contractibus competit, sed etiam ex quasi contractibus et ex delicis, ut ait Ulpianus his verbis : Competit hæc actio etiam ex legati causâ et ex lege Aquiliâ. Sed et ex causâ furtivâ per hanc actionem convenitur. Sed et si ex senatusconsulto Trebelliano agetur, competit hæc actio, veluti si is cui fiduciaria hæreditas restituta est agere volet (L. 9 § 1. h. t.).

Odio autem furum suprà vidimus condictionem furtivam introductam fuisse, quâ rem suam condicere lícet. Furi autem similis est qui rem nostram ex injustâ causâ detinet, ut apparet ex Ulpiano: Res, inquit, pignori data pecuniâ solutâ condici potest, et fructus ex injustâ causâ percepti condicendi sunt. Nam et si colonus post lustrum completum fructus perceperit, condici eos constat; ita demum si non ex voluntate domini percepti sunt, nam si ex voluntate procul dubio cessat condictio. Ea quoque quæ vi fluminis importata sunt condici possunt (L. 4. § 1 et 2. h. t.).

De Mutuo.

Mutuum a Cujacio definitur creditum quantitatis datæ eâ lege ut ipsa quantitas reddatur in genere non in specie eâdem.

Mutuum ex numero obligationum est quæ re contrahuntur; nam, ut ait Gaius (lib. 3, § 90), re contrahitur obligatio velut mutui datione, et propriè in his fere rebus contingit quæ pondere, numero, mensurâ constant; qualis est pecunia numerata, vinum, oleum, frumentum, æs, argentum, aurum. Quas res aut numerando, aut metiendo, aut pendendo in hoc damus ut accipientium fiant, et quandoque nobis non cædem, sed aliæ ejusdem naturæ reddantur. Itaque appellata est mutui datio ab eo quod de meo tuum fit, et ideo si non fiat tuum, non nascitur obligatio.

In mutui datione oportet traditionem intervenire nisi pecunia jam penès debitorem sit. Verbi gratiâ : deposui apud te decem, posteà permisi tibi uti : etiam antequam moveantur condici quasi mutua a te hæc possunt; animo enim cæpisti possidere. Sed si ab initio quum deponerem uti tibi si voles permisero, credita non est antequam mota sit pecunia, quoniam debitum iri non est certum.

Oportet etiam dominum esse dantem; quod ex Paulo apparet (L. 2 § 4 et l. 16 h. t.); nam si socius, inquit, propriam pecuniam mutuam dedit, omnimodò creditam pecuniam facit, licet cæteri dissenserint; quod si communem numeravit non alias creditam efficit, nisi cæteri quoque consentiant, quia suæ partis tantum alienationem habuit. Nec obest quod filiusfamilias et servus dantes peculiares nummos obligent, id enim tale est quale si voluntate meâ tu des pecuniam. Nam mihi actio acquiritur licet mei nummi non fuerint.

Singularia quoque quædam sunt circà pecuniam creditam. Nam si tibi debitorem meum jussero dare pecuniam, obligaris mihi, quamvis meos nummos non acceperis. Quod igitur in duabus personis recipitur, hoc et in eâdem personâ recipiendum est, ut quum ex causâ mandati pecuniam mihi debeas, et convenerit ut crediti nomine eam retineas. Hoc putat Ulpianus (l. 16 h. t.); sed in eâdem specie dissenserat Africanus, ut apparet ex lege 34 in tit. mandati. Sed verior est Ulpiani sententia. Nam brevis mànus fictioni, cujus pluria in hoc Digestorum titulo exempla reperiuntur locus est, eâque fictione videtur, ut verissimè putat Ulpianus, te mihi pecuniam quam ex mandati causâ debebas solvisse, et hanc pecuniam a me ad te profectam esse.

Oportet etiam inter dantem et accipientem de transferendo rei mutuo datæ dominio convenisse, undè si ego quasi deponens dedero, tu quasi mutuam pecuniam accipias, nec depositum nec mutuum est. Idem est et si tu quasi mutuam pecuniam dederis, ego quasi commodatam ostendendi gratiâ accepi. Sed in utroque casu consumptis nummis condictioni sine exceptione doli locus erit.

In mutui datione is qui accepit non obligatur ad restituendum hoc quod accepit specie eâdem. Etenim, ut apparet ex Paulo (l. 2. h. t.), mutuum damus recepturi non eamdem speciem quam dedimus, alioquin commodatum erit aut depositum, sed idem genus. Nam si aliud genus, veluti ut pro tritico vinum recipiamus non erit mutuum.

Cavere non necesse est, in mutui datione, ut æquè bonum nobis reddatur, nec licet debitori deteriorem rem reddere, veluti vinum novum pro vetere ; nam in contrahendo quod agitur pro cauto habendum est. Id autem agi intelligitur ut ejusdem generis et eâdem bonitate solvatur quâ datum sit.

Creditum ergò, ut nos docet Paulus (L. 2, § 3, h. t.), à mutuo differt quà genus à specie ; nam creditum consistit extrà eas res quæ pondere, numero, mensurâ continentur ; sicut si eamdem rem recepturi sumus creditum est. Contrà mutui datio, ut suprà vidimus, consistit in his rebus quæ pondere, numero, mensurâ consistunt, et quæ in genere suo functionem recipiunt. Item mutuum non potest esse nisi proficiscatur pecunia ; creditum autem interdùm, etiamsi nihil proficiscatur, veluti si post nuptias dos promittatur.

Verbis quoque credimus quodam actu ad obligationem comparandam interposito, veluti stipulatione.

Omnia quæ insèri possunt stipulationibus eadem possunt etiam numerationi pecuniæ ; et ideò et conditiones.

Ex contractu mutui nascitur specialis condictio ex mutuo, quâ is qui mutuo dedit, agit adversus eum qui accepit, ut id quod accepit non specie eâdem, sed genere restituere teneatur.

DE NAUTICO FOENORE.

(Dig. L. 22, T. 2.)

Contractus nauticus seu trajectitiæ pecuniæ ille est quo pecunia alicui creditur hac lege ut si aut ipsa pecunia, aut merces ex eâ comparatæ navigatione perierint, periculum sit creditoris qui nihil hoc casu recepturus erit. Nam trajectitia pecunia ità datur ut non alias petitio ejus creditori competat, quam si salva navis intra statuta tempora pervenerit.

In nautica pecunia, ut ait Modestinus (L. 3, h. t.), ex eâ die periculum spectat creditorem ex quo navem navigare conveniat.

Periculi autem quod creditorem spectat pretium est si, conditione quamvis pœnali non existente, creditor recepturus sit quod dederit, et insuper aliquid præter pecuniam creditam, si modo in aleæ speciem non cadat.

In nautico fœnore pactum sine stipulatione ad augendam obligationem prodest, et ex pacto usuræ debentur quemadmodum per stipulationem.

Trajectitia pecunia propter periculum creditoris quamdiù navigat navis infinitas usuras recipere potest. Undè evidenter apparet has infinitas usuras in id tempus tantum permitti quo periculum spectat creditorem. Verùm post diem periculi legitimæ tantummodò usuræ debentur.

DROIT FRANÇAIS.

DES CONTRATS ALÉATOIRES.

Le contrat aléatoire, dont le nom dérive du mot latin *alea,* événement incertain, est défini par l'art. 1964 du Code civil, une convention réciproque dont les effets, quant aux avantages et aux pertes, soit pour toutes les parties, soit pour l'une ou plusieurs d'entre elles, dépendent d'un événement incertain.

Les principaux contrats aléatoires sont le jeu et le pari, le contrat de rente viagère, le prêt à la grosse aventure et le contrat d'assurance.

Dans le contrat d'assurance et dans le contrat à la grosse, l'une des deux parties contractantes seule s'expose à un risque ; dans le jeu et le pari et dans la rente viagère, au contraire, le risque est réciproque.

Cependant, on doit observer que l'art. 1104 du Code civil donne du contrat aléatoire une autre définition que l'art. 1964, et semble exiger, pour qu'il y ait contrat aléatoire, que la chance de gain ou de perte existe pour chacune des parties contractantes. Si l'on considère qu'éviter une perte c'est être plus riche et faire un véritable gain ; que, par exemple, dans le contrat d'assurance, si le sinistre survient, l'assuré sera plus riche, puisqu'il eût tout perdu s'il ne se fût pas fait assurer, on reconnaîtra que la définition donnée par l'art. 1104 est aussi bien que celle de l'art. 1964 applicable à tous les contrats aléatoires.

DU JEU ET DU PARI.

L'art. 1965 du Code civil refuse toute action pour le paiement d'une dette de jeu. Cependant, ce n'est pas là une disposition tout-à-fait absolue ; il faut distinguer entre les jeux de hasard et ceux qui tiennent à l'adresse et à l'exercice du corps. C'est pour les dettes contractées dans les jeux de hasard seuls que la loi n'accorde aucune action ; elle fait une exception en faveur des jeux de la seconde espèce. Ces derniers ont en effet une utilité réelle.

L'art. 1966 indique comme tels les jeux propres à exercer au fait des armes, les courses à pied et à cheval, les courses de chariot, le jeu de paume. Tout jeu propre à développer les forces corporelles et exercer l'adresse jouirait de la même faveur, et le gagnant pourrait demander en justice le paiement des sommes stipulées comme enjeux. Il en est autrement lorsque ces sommes sont excessives, parce qu'alors le jeu a perdu son caractère d'utilité. La question de savoir s'il y a excès, est abandonnée à l'appréciation des tribunaux ; dans ce cas, la demande doit être rejetée pour le tout et non pas seulement réduite à des limites plus étroites ; car la stipulation d'enjeux exorbitants infecte le contrat d'un vice d'immoralité qui ne permet pas de lui laisser produire aucun effet.

Quant aux jeux autres que ceux qui tiennent à l'adresse et à l'exercice du corps, si les obligations contractées par le joueur ont été volontairement acquittées, le paiement n'en est pas sujet à répétition. Mais tant qu'il n'y a pas eu paiement effectif, lors même qu'il y aurait eu une obligation ou des billets souscrits depuis la perte éprouvée au jeu, le souscripteur pourrait toujours en refuser le paiement, encore bien que la cause apparente fût un prêt d'argent. Dans ce dernier cas même, il serait toujours admis à prouver, même par témoins, que la cause énoncée dans l'obligation ou les billets est fausse et que la source de l'obligation est une dette de jeu.

A côté du jeu vient se placer le pari. La loi qui y trouve les mêmes dangers le soumet aux mêmes règles.

Parmi tous les paris, ceux dont les effets sont les plus graves sans contredit, sont ceux qui ont pour objet la hausse ou la baisse des effets publics. Aussi le législateur a-t-il poussé plus loin la sévérité à leur égard, et dans notre législation actuelle, les art. 419, 421 et 422 du Code pénal prononcent-ils une peine grave contre les jeux de bourse.

Le droit romain autorisait la répétition de ce qui avait été payé pour dette de jeu. C'était là une exception introduite en haine du jeu et comme sanction aux dispositions qui le prohibaient, à la règle *in pari causâ melior est causa possidentis*, et à la décision du juris-consulte Paul, qui n'était qu'une application de cette règle : *Ubi autem et dantis et accipientis turpitudo versatur non posse repeti dicimus*. Mais l'ancienne jurisprudence française s'était écartée à cet égard du droit romain, et l'art. 1967 du Code civil déclare que ce qui a été volontairement payé n'est pas sujet à répétition.

Le paiement d'une dette de jeu ou d'un pari fait en immeubles est valable ; seulement si le gagnant qui a reçu ce paiement venait à être évincé, il ne pourrait pas exercer de garantie contre son débiteur ; car ce serait lui accorder indirectement action pour une dette de jeu ou un pari.

Un transport de créance fait par le perdant au gagnant serait également valable, soit qu'il ait été fait avec ou sans garantie. Seulement dans le cas où la garantie aurait été stipulée, le cessionnaire ne pourrait s'en prévaloir, et cela par le motif que nous venons d'énoncer, à savoir que ce serait demander indirectement le paiement d'une dette de jeu ou d'un pari.

Si des billets ont été souscrits au gagnant, dans le cas où c'est un tiers de bonne foi qui en demande le paiement, ils doivent être acquittés. Mais si c'était le gagnant lui-même, le souscripteur pourrait repousser l'action comme ayant pour base le jeu. Car la remise des billets n'est tout au plus qu'une promesse de payer et non un paiement effectif.

Quand le perdant paie sa dette, c'est qu'il pense que son adversaire a gagné loyalement. Mais s'il a été victime d'un dol, d'une supercherie ou d'une escroquerie, il peut répéter ce qu'il a payé. Comme, dans ce cas, le gagnant est de mauvaise foi, il n'y a plus égalité de part et d'autre, et par conséquent plus lieu à l'application de la règle *in pari causâ, etc.*

Quant au mineur qui aurait payé une dette de jeu, il n'aurait pas besoin de prouver la fraude, son âge seul le rend incapable de faire un paiement valable, et entraîne la nullité de celui qn'il aurait effectué.

DE LA RENTE VIAGÈRE.

La rente viagère, inconnue des Romains, fut admise à une époque fort reculée dans le droit français. C'est ce que prouve un capitulaire de Charles-le-Chauve de 846.

La rente viagère procure à celui qui est atteint par l'âge ou les infirmités, avant d'avoir pu amasser un pécule suffisant, les ressources nécessaires; et s'il est vrai qu'elle peut servir à l'égoïste, qui met de côté toute affection de famille, à dépouiller ses proches, les avantages qu'elle présente doivent faire passer sur les inconvénients qu'elle peut avoir. Elle est d'une moralité incontestable, et c'est avec juste raison que le Code civil l'a admise.

Quelle est la nature de la rente viagère? Doit-on dire avec Pothier qu'elle n'a pas de capital et que les arrérages en font tout le principal et l'être entier? Le Code civil n'a pas admis cette doctrine. C'est ce qui résulte de plusieurs de ses dispositions. Ainsi l'art. 584, qui range les arrérages des rentes parmi les fruits civils, ne distingue pas entre les rentes perpétuelles et les rentes viagères. L'art. 588

éclare que l'usufruit d'une rente viagère donne à l'usufruitier le
roit d'en percevoir les arrérages, sans être tenu à aucune restitu-
on. Si les arrérages de la rente viagère étaient le fonds même de la
ente, l'usufruitier n'ayant droit de jouir que *salvâ rerum substantiâ*,
usufruit d'une rente viagère ne donnerait droit à l'usufruitier que
'en placer les arrérages pour en percevoir les intérêts et les rendre
la cessation de l'usufruit comme des capitaux. De plus, la rente
iagère est assimilée, par les art. 1909 et 1910 à la rente perpétuelle,
t les arrérages en sont qualifiés d'intérêts d'un capital comme ceux
e la rente perpétuelle.

La rente viagère peut être constituée à titre onéreux ou à titre gra-
uit.

A titre onéreux, elle peut être constituée moyennant une somme
'argent ou pour une chose mobilière appréciable ou pour un immeuble.

C'est spécialement dans le cas où la rente viagère est constituée
our une somme d'argent, que l'on donne au contrat le nom de cons-
itution de rente viagère. On peut alors considérer la rente elle-même
omme une chose vendue moyennant le capital aliéné pour prix de
a constitution. Mais il n'en est pas de même lorsqu'elle est consti-
uée pour une chose mobilière ou pour un immeuble; elle devient
lors le prix, et la chose mobilière ou l'immeuble est la chose ven-
ue. Dans le premier cas, la convention est régie par les princi-
es propres au contrat de rente viagère ; dans le second cas, on doit
ppliquer, à quelques exceptions près, les principes qui régissent la
ente.

Il suit de là que le contrat est réel quand il s'agit d'une constitu-
ion de rente viagère pour une somme d'argent. Dans ce cas, en
ffet, le contrat n'est parfait que lorsque le paiement de cette somme a été réellement effectué. Dans l'autre cas, au contraire, comme
l s'agit alors d'une véritable vente, le contrat est consensuel.

La constitution de rente viagère à prix d'argent peut être faite par acte sous-seing privé, et dans ce cas, comme le contrat est unilatéral, au moins lorsque la numération des espèces a eu lieu au moment du contrat, il suffit que l'acte soit signé par le constituant, et il n'est pas nécessaire qu'il soit fait double.

Dans tous les cas, que la rente viagère soit constituée pour une somme d'argent, ou qu'elle soit le prix de l'aliénation d'un immeuble ou d'une chose mobilière, elle a toujours le caractère de meuble.

La rente viagère peut être constituée à titre gratuit, par donation entre vifs ou par testament. Elle cesse alors d'être un contrat aléatoire, et est soumise à toutes les conditions extrinsèques ou intrinsèques de validité de ces deux manières de disposer.

C'est ordinairement sur la tête du créancier de la rente viagère qu'elle est constituée. Mais elle peut l'être sur la tête d'un tiers. Du reste une semblable combinaison ne se supposerait pas, il faudrait qu'elle fût clairement exprimée.

De même que la rente viagère peut être constituée sur la tête d'un tiers, elle pourrait également l'être sur la tête du débiteur.

Elle peut aussi être constituée sur plusieurs têtes. Dans ce cas, quel effet produira la fin de l'une des vies servant de base à la rente viagère ? la rente devra-t-elle continuer en entier ? S'il s'agit d'une rente viagère constituée sur la tête de deux ou plusieurs tierces personnes non intéressées au contrat, il est incontestable qu'elle devra continuer. Il faut décider la même chose dans le cas où elle est constituée au profit et sur la tête de plusieurs personnes, car si elle devait s'éteindre par partie, il y aurait plusieurs rentes constituées sur plusieurs têtes. De plus la condition d'extinction qui est le décès de toutes les personnes sur la tête desquelles repose cette rente, n'est pas accomplie tant que l'une d'elles vit encore. Au surplus, les parties feraient bien de stipuler que la rente ne sera pas réduite par le décès du premier mourant, mais au contraire passera tout entière au survivant.

Le prix de la rente viagère peut être fourni par une personne et
la rente être constituée au profit et sur la tête d'une autre personne.
Quoiqu'une semblable constitution ait tous les caractères d'une libéralité, elle n'est cependant pas soumise aux formes de la donation,
parce que la libéralité au profit du tiers n'est qu'un accessoire, qu'une
charge du contrat principal intervenu entre celui qui a constitué la
rente et celui qui en a payé le prix, c'est-à-dire d'un contrat à titre
onéreux.

La libéralité peut être révoquée tant que celui qui en est l'objet
ne l'a pas acceptée. Cette acceptation du reste n'est soumise à aucune
forme.

Quoiqu'une semblable constitution de rente viagère ne soit pas
soumise aux conditions de forme des donations, elle est cependant
réductible si elle excède la quotité disponible, et nulle si elle est faite
au profit d'un incapable.

Il est de l'essence du contrat de rente viagère qu'il y ait une personne sur la tête de laquelle elle soit constituée. Aussi, toute rente
viagère constituée sur la tête d'une personne morte, ne produit aucun effet, lors même que la mort aurait été ignorée des deux parties
contractantes. Il en est de même lorsque la personne sur la tête de
laquelle la rente viagère est constituée, était atteinte au moment du
contrat d'une maladie qui a entraîné sa mort. L'ancien droit français laissait au juge le soin d'apprécier les circonstances et de décider si elles étaient de nature à entraîner la nullité du contrat. Le
Code civil a fixé une règle précise ; il déclare le contrat nul et sans
effet, quand la personne sur la tête de laquelle la rente est constituée
était atteinte de la maladie dont elle est morte dans les vingt jours
de la date du contrat.

C'est là une règle éminemment sage; car si les deux parties contractantes ignoraient cet état de maladie, leur erreur, qui porte sur
une qualité substantielle, la santé de cette personne, suffit pour vi-
cier la convention ; si, au contraire, le constituant connaissait cet

état, le contrat est infecté de dol ; dans tous les cas, il manque du caractère aléatoire qui est de l'essence de la constitution de rente viagère.

Ces principes sont justes et applicables, non-seulement quand il s'agit d'une rente viagère constituée sur la tête d'un tiers, mais encore lorsqu'elle est constituée sur la tête du crédirentier lui-même. Car, dans ce dernier cas, on doit supposer que le mourant qui stipule une rente viagère à son profit, s'est abusé par sa position, et a été trompé par cet espoir de vivre qui n'abandonne jamais l'homme.

Mais une rente viagère constituée sur plusieurs têtes ne serait pas nulle si l'une des personnes sur la tête desquelles elle est constituée, mourait, dans les vingt jours du contrat, d'une maladie dont elle était atteinte au moment de ce contrat; parce que, dans ce cas, l'*alea* existerait néanmoins, quoique à un moindre degré. Dans les vingt jours on ne doit pas compter le jour du contrat.

Si la rente viagère était constituée par acte sous-seing privé, les héritiers seraient admis à prouver l'anti-date.

A raison de sa nature aléatoire, la rente viagère échappe aux règles sur le taux de l'intérêt ; d'où il suit, qu'en principe, la vente d'un immeuble à charge de rente viagère, n'est pas sujette à rescision. Mais il faut que le contrat ait un caractère vraiment aléatoire ; autrement, si la rente viagère était dans une disproportion évidente avec la valeur de l'immeuble, à tel point qu'il n'y eût aucune chance réelle, la vente pourrait être rescindée.

En principe, le capital livré en échange d'une rente viagère, est irrévocablement aliéné ; en conséquence, et par une dérogation spéciale au principe que l'action résolutoire est sous-entendue dans tous les contrats synallagmatiques, le seul défaut de paiement des arrérages n'autorise pas le créancier de la rente viagère à demander à être remboursé de son capital ou à rentrer dans le fonds aliéné. Cette dérogation aux principes du droit commun se justifie suffisamment par cette considération, qu'il eût été trop dur de forcer, pour défaut de paiement d'un seul terme d'arrérages, le débiteur, qui a déjà payé des sommes considérables, à rembourser le capital de la rente, et que d'ailleurs les intérêts du créancier sont suffisamment garantis par le droit qu'il a de poursuivre, sur les biens de son débiteur, l'emploi d'une somme suffisante pour assurer le service de la rente.

Toutefois, il est permis aux parties de stipuler que le contrat sera résolu pour défaut de paiement des arrérages.

L'art. 1978 du Code civil ne s'applique qu'à la rente viagère constituée pour un prix ou un capital quelconque. Une donation à charge de rente viagère n'en serait pas moins régie par l'art. 953, et par conséquent révocable pour défaut de paiement des arrérages. Il n'y a pas alors le même motif de décider que dans le cas où la rente viagère est constituée à titre onéreux, et le débiteur ayant toujours reçu plus que l'équivalent de ce qu'il paye, ne peut se plaindre.

Mais le créancier de la rente viagère a le droit de demander la résiliation du contrat, si le constituant ne lui donne pas les sûretés stipulées pour son exécution, comme, par exemple, lorsque ayant promis une caution ou une hypothèque, il ne les fournit pas.

Il en serait de même dans le cas où le débiteur, après avoir donné les sûretés promises, les diminuerait. Il n'y a pas de différence, entre ne pas donner les sûretés stipulées et les ôter après les avoir données. Cependant, si la diminution des sûretés était le résultat d'une force majeure ou d'un fait étranger au débiteur, le créancier ne pourrait se plaindre ; il n'aurait à s'en prendre qu'à lui-même de n'avoir pas exigé *ab initio* des sûretés plus grandes.

Le débiteur pourrait arrêter les effets de la demande en résolution, en fournissant les sûretés promises ou en remplaçant celles dont le créancier aurait été privé.

La mort du créancier pendant l'instance ferait tomber la demande ; en effet, tant que la résolution n'a pas été prononcée, le contrat subsiste, et il est juste que le débiteur profite des chances favorables, comme le créancier aurait eu droit aux arrérages jusqu'au moment où la résolution aurait été prononcée. De plus, comme nous venons de le voir, le débiteur aurait pu arrêter la demande en fournissant les sûretés promises, et ces sûretés sont désormais inutiles, par suite de la mort du créancier.

Lorsque la résolution est prononcée, le créancier doit recevoir son capital entier, sans que le débiteur puisse retenir la différence entre les arrérages payés et l'intérêt légal. Car ces arrérages sont le prix du risque couru, risque qui ne cesse qu'au moment de la résolution.

Cette action en résolution n'a lieu que dans le cas d'une rente constituée à titre onéreux. Elle ne serait pas admissible pour une rente constituée à titre gratuit. C'est ce qui résulte des termes de l'art. 1977 du Code civil.

Contrairement à ce qui a lieu pour les rentes perpétuelles, le débiteur d'une rente viagère ne peut se dispenser de la servir en remboursant le capital et en renonçant à la répétition des arrérages perçus. Il doit exécuter jusqu'à la fin l'engagement qu'il a contracté, et lors même qu'il aurait à payer en arrérages plus qu'il n'a reçu de capital, il ne peut se prétendre lésé, car il ne fait que supporter la conséquence du caractère aléatoire du contrat.

On pourrait toutefois stipuler valablement que le débiteur aurait la faculté de rembourser le capital et d'éteindre la rente.

Les arrérages de la rente viagère étant des fruits civils, s'acquièrent jour par jour et appartiennent au rentier viager, dans la proportion du nombre de jours qu'il a vécu, quand elle est constituée sur sa tête, ou qu'a vécu le tiers sur la tête duquel elle est constituée.

Néanmoins, on peut convenir que chaque terme sera payé d'avance, et alors le terme commencé est acquis en entier au rentier viager du jour où il a dû être payé.

En règle générale, la rente viagère peut être cédée ; elle peut aussi être saisie par les créanciers du rentier, en vertu du principe que tous les biens d'un débiteur sont le gage commun de ses créanciers.

On ne peut déroger à ce principe quand il s'agit d'une rente constituée à titre onéreux. Mais pour celle constituée à titre gratuit, le donateur ou le testateur pouvant apposer à leur libéralité les conditions qu'ils veulent, peuvent stipuler qu'elle sera insaisissable et incessible.

La rente viagère donnée ou léguée à titre d'aliments, est même, aux termes de l'art. 581, n. 4, du Code de procédure civile, présumée faite avec la condition d'insaisissabilité, lors même que la donation ou le testament ne se seraient pas exprimés à cet égard. Il est toutefois des cas où, d'après l'art. 582 du même Code, on peut, en obtenant la permission du juge, saisir une portion de ces rentes.

La rente viagère s'éteint par la mort de la personne sur la tête de laquelle elle est constituée. Si le débiteur de la rente viagère attentait aux jours de cette personne, il est évident que son crime ne pourrait pas lui profiter. Il y aurait alors lieu à résolution de ce contrat, et les héritiers du créancier rentreraient dans le capital aliéné par leur auteur, et conserveraient tous les arrérages échus.

La mort civile n'éteint pas la rente viagère comme la mort naturelle. En effet, les parties en contractant, n'ont en vue que la mort naturelle. Si la rente est purement alimentaire, le mort civil continuera d'en jouir, sinon elle passera à ses héritiers.

Le créancier ne peut toucher les arrérages de la rente viagère, qu'en justifiant de l'existence de la personne sur la tête de laquelle elle est constituée. Cette justification se fait ordinairement au moyen de certificats de vie.

DU CONTRAT A LA GROSSE.

Le contrat à la grosse nous vient des Romains ; c'est une espèce de prêt dans lequel le prêteur, qu'on appelle aussi *donneur*, court les grosses aventures de mer, c'est-à-dire un prêt fait sur des objets exposés à des risques de mer, avec convention que, si ces objets arrivent heureusement, l'emprunteur devra rembourser au prêteur non-seulement la somme empruntée, mais encore une somme déterminée pour profits maritimes, tandis que s'ils périssent ou sont détériorés par suite d'accidents de mer, le prêteur perdra tout ou ne pourra exiger que ce qu'ils se trouveront valoir.

Pour être capable d'emprunter à la grosse, il faut, du moins en général, avoir un intérêt dans le navire ou dans le chargement. Aussi en principe ce droit appartient-il au propriétaire du navire ou du chargement à l'exclusion du capitaine, et un emprunt fait par ce dernier dans le lieu de la demeure des propriétaires du navire, sans leur consentement authentique ou leur intervention dans l'acte, ne donnerait au prêteur action et privilége que sur la portion pouvant appartenir au capitaine dans le navire et dans le frêt.

Cependant, lorsque quelques-uns des propriétaires d'un navire n'ont pas satisfait, dans les vingt-quatre heures, à la sommation de fournir leur contingent pour le mettre en état, leur consentement n'est pas nécessaire pour qu'un emprunt à la grosse soit valablement fait, même dans le lieu de leur demeure, pour radoub et victuailles, et leurs parts et portions sont affectées à cet emprunt.

Le capitaine peut encore contracter un emprunt lorsque, pendant le cours d'un voyage, il y a nécessité de radoub ou d'achat de victuailles, en faisant constater cette nécessité, et en obtenant l'autorisation de la manière prescrite par l'art. 234 du Code de commerce.

Il est de l'essence du contrat à la grosse qu'il y ait des choses affectées au privilége du prêteur, et que ces choses soient exposées à des risques et estimables à prix d'argent, vénales. Ainsi on peut affecter à la sûreté d'un prêt à la grosse le corps et quille du navire, les agrès et apparaux, l'armement et les victuailles, le chargement ; et on peut affecter soit la totalité de ces objets conjointement, soit chacun d'eux en particulier, soit une partie déterminée de chacun d'eux. Mais on ne peut emprunter sur des choses qui n'ont pas d'existence actuelle, comme des bénéfices futurs; tels sont le fret à faire et le profit espéré des marchandises. C'est par suite du même principe qu'il est également défendu de prêter à la grosse aux matelots et gens de mer sur leurs loyers ou voyages. Il peut, en effet, ne leur en être jamais dû, par exemple, en cas de perte totale du navire; de plus, comme ils cesseraient, par l'effet de ce prêt, d'avoir un aussi grand intérêt à la conservation du navire, on pourrait craindre qu'il n'y apportassent moins de soins.

Le contrat à la grosse étant essentiellement aléatoire, il est indispensable, pour la validité et pour l'existence même du contrat, 1° que les risques de mer auxquels sont exposés les objets affectés au prêt soit à la charge du prêteur. S'il était déchargé de ces risques il n'y aurait pas contrat à la grosse, mais simplement un prêt ordinaire; 2° qu'il y ait de la part de l'emprunteur obligation de payer au prêteur, outre la chose prêtée, une certaine somme ou valeur qui devient un accessoire du capital et jouit des mêmes priviléges pour prix des risques dont se charge le prêteur.

Il est encore de l'essence du contrat à la grosse qu'il y ait un capital prêté. Le capital peut consister non-seulement en argent, mais encore en toute chose appréciable, pourvu, dans ce cas, qu'il s'agisse de choses fongibles, ou s'il s'agit de choses non fongibles, que l'emprunteur puisse en disposer, et ne soit pas tenu de les rendre en nature, mais, au contraire, que la valeur en soit restituée en argent, et c'est alors beaucoup plutôt ce prix que les choses fournies qui fait l'objet du prêt.

Les chances que court le prêteur étant incertaines et variables, les parties peuvent stipuler pour profit maritime telle somme qu'il leur plaît de fixer; la latitude la plus complète leur est accordée à cet égard. Le profit maritime échappe aux prescriptions de la loi sur le taux de l'intérêt, et quel qu'il soit, il n'est jamais réductible comme excessif. Il peut consister en une somme fixe ou en une certaine somme par mois; il peut être stipulé variable, c'est-à-dire croissant ou décroissant selon la durée du voyage. On peut convenir que le profit stipulé pour un contrat passé en temps de guerre sera réduit en cas de paix , et réciproquement que celui stipulé pour un contrat passé en temps de paix sera augmenté en cas de guerre. Ce profit, qui est ordinairement d'une somme d'argent, peut cependant consister en autres choses évaluables.

Comme le contrat à la grosse a pour effet non-seulement de produire une obligation entre l'emprunteur et le prêteur, mais encore de donner à ce dernier un droit de privilége sur les objets affectés au prêt, certaines formalités ont dû être prescrites, dans l'intérêt des tiers, pour la constatation de ce contrat. Ainsi il doit toujours être rédigé par écrit ; il peut, du reste, être fait devant notaire ou sous signature privée. Il peut être fait à ordre ; il est alors négociable comme tout autre effet de commerce, et cette négociation produit les mêmes actions en garantie. Mais, dans ce cas, si à l'échéance l'emprunteur ne satisfait pas à ses engagements, le cessionnaire ne peut recourir contre son cédant que pour le capital seulement, et la garantie de paiement ne s'étend pas au profit maritime, à moins toutefois de convention contraire.

Dans quelque forme que soit rédigé le contrat à la grosse, il doit, pour produire effet et assurer au prêteur un privilége à l'égard des tiers, être enregistré dans les dix jours de sa date, au greffe du tribunal de commerce, et s'il est fait à l'étranger, les formalités requises pour la validité du prêt à la grosse fait à un capitaine doivent être observées, même quand c'est le propriétaire du navire lui-même qui emprunte directement.

Ces formalités étant introduites dans l'intérêt des tiers, le prêteur, malgré leur inobservation, conserverait néanmoins une action personnelle contre l'emprunteur.

Le contrat à la grosse doit énoncer le capital prêté et la somme convenue pour le profit maritime , les objets sur lesquels le prêt est affecté , les noms du navire et du capitaine , ceux du prêteur et de l'emprunteur; si le prêt a lieu pour un voyage , pour quel voyage et pour quel temps, l'époque du remboursement.

Mais toutes ces énonciations ne sont pas indispensables : l'omission de l'une d'elles n'entraînerait pas toujours la nullité du prêt à la grosse ; le défaut d'énonciation des choses qui sont de l'essence du contrat pourrait seule entraîner cette nullité.

Le prêteur à la grosse n'a , comme nous l'avons vu , droit au remboursement du capital prêté et au profit maritime que si la chose affectée échappe aux risques. Le temps de ces risques est ordinairement fixé par le contrat ; sinon il court , lorsqu'il s'agit d'un navire , du jour où il a fait voile au jour où il est ancré ou amarré au port ou lieu de sa destination ; et s'il s'agit de marchandises , du moment où elles ont été chargées dans le navire ou dans les gabarres destinées à les y transporter, jusqu'au moment où elles sont délivrées à terre.

Au cas de perte totale par cas fortuit , dans le temps et le lieu des risques, des effets sur lesquels l'emprunt a eu lieu, le prêteur ne peut rien réclamer et l'emprunteur est libéré; néanmoins, quand l'emprunt porte sur des marchandises , la perte du navire et du chargement ne suffisent pas pour libérer l'emprunteur ; il faut qu'il justifie qu'il avait sur le navire des effets jusqu'à concurrence de la somme empruntée. Si la perte n'est que partielle , le prêteur a droit à la partie de son capital correspondant à ce qui a été sauvé.

Le prêteur ne supporte que les risques de mer ; il ne supporte pas les risques de terre ni le dommage provenant soit du vice propre de la chose , soit du fait de l'emprunteur ou de ses préposés.

Du reste les parties peuvent , par leurs conventions, modifier l'étendue des risques à supporter par le prêteur. Ainsi on peut convenir que les avaries simples ne seront pas à la charge du prêteur. Mais on ne pourrait le dispenser de contribuer aux avaries communes ; car le prêteur, qui est en quelque sorte seul intéressé à la conservation des marchandises , ne peut se dispenser de contribuer aux sacrifices qui ont eu pour but et pour résultat de les sauver.

L'emprunt ne peut excéder la valeur des objets qui y sont

affectés; s'il excédait cette valeur, il y aurait lieu à dissolution ou *ristourne* du contrat à la grosse. Mais il faudrait alors distinguer entre le cas où l'emprunteur est de bonne foi, et celui où il est de mauvaise foi. En cas de mauvaise foi de l'emprunteur, la nullité ne peut être invoquée que par le prêteur, en sorte que, si le navire arrive heureusement, il demandera le remboursement de la somme prêtée et le profit maritime, et qu'en cas de sinistre il pourra se faire rembourser de son capital en invoquant la nullité du contrat. Si au contraire l'emprunteur est de bonne foi, le contrat doit seulement être réduit à la valeur des objets affectés à l'emprunt, et le surplus de la somme empruntée est remboursé, dans tous les cas, avec intérêt; il y a eu, quant à cet excédant, un prêt ordinaire.

Un autre cas de ristourne du contrat à la grosse est celui où les marchandises affectées à l'emprunt ont été chargées sur un navire autre que celui désigné au contrat, et dans ce cas la perte n'en est pas supportée par le prêteur.

Lorsque plusieurs emprunts ont eu lieu sur le même objet, celui fait pendant le voyage est préféré à celui fait avant le départ; le dernier des emprunts faits pendant le voyage est préféré aux premiers, et celui fait pour le dernier voyage l'est aux sommes empruntées pour un précédent voyage, alors même qu'il serait déclaré qu'elles sont laissées par renouvellement. Le motif de cette préférence est fondé sur la présomption que c'est ce dernier emprunt qui a procuré au navire la possibilité de terminer son voyage, ou qui a le plus efficacement contribué à la conservation des objets affectés.

S'il y a sur les mêmes objets contrat à la grosse et assurance, au cas de naufrage, le produit des effets sauvés se partage entre le prêteur à la grosse, pour son capital seulement, et l'assureur pour les sommes assurées, au marc le franc de leur intérêt respectif.

DES ASSURANCES.

Le contrat d'assurance maritime est d'une origine toute moderne, et commença seulement à être usité au moment où la navigation prit quelque extension.

L'assurance maritime est une convention par laquelle l'un des contractants, que l'on nomme *assureur*, s'oblige envers l'autre, que l'on nomme *assuré*, moyennant un prix convenu appelé *prime*, à réparer les pertes ou les dommages éprouvés sur mer par des choses exposées aux dangers de la navigation.

Trois conditions doivent se rencontrer dans tout contrat d'assurance maritime. Il faut qu'il y ait des objets que l'un des contractants ait la crainte de perdre par suite d'accidents maritimes; que ces objets soient réellement exposés à des risques, et que l'assureur reçoive un équivalent de la chance qu'il s'oblige à courir ; cet équivalent s'appelle prime.

Toutes choses estimables à prix d'argent et qui sont exposées à périr ou à se détériorer par suite d'accidents maritimes, peuvent être l'objet du contrat d'assurance. Tels sont les navires et leurs accessoires, agrès, armements et victuailles et les marchandises qui y sont chargées.

L'assurance d'un navire, sans restriction, comprend les agrès, les armements et les victuailles. On pourrait néanmoins faire assurer ces objets séparément et limitativement, de même qu'on peut faire assurer le navire et le chargement conjointement, ou les faire assurer séparément, et même faire assurer une partie distincte du chargement.

De ce que l'on ne peut faire assurer que ce que l'on court risque de perdre, il résulte que les sommes formant l'objet d'un prêt à la grosse ne peuvent être celui d'une assurance qu'au profit du prêteur, et jamais au profit de l'emprunteur, qui ne court aucun risque;

le profit maritime ne pourrait pas l'être ; car ce n'est qu'un gain espéré.

Mais la prime que l'assuré s'oblige à payer à l'assureur pourrait
devenir l'objet d'une nouvelle assurance. Il en serait de même de la
prime promise pour cette nouvelle assurance, et ainsi jusqu'à l'in-
fini.

Des bénéfices espérés ne pouvant pas être l'objet d'une assurance,
on ne peut faire assurer ni le fret à faire ni le profit espéré des marchandises. Il n'en est pas de même du fret acquis. On ne peut non plus
assurer les loyers des matelots et gens de mer ni la part qui pourrait
leur revenir dans le fret, puisque ces loyers ne leur sont dus qu'en
cas d'heureuse arrivée du navire, et parce qu'on pourrait craindre
que s'ils étaient sûrs d'être payés, ils ne veillassent pas avec le même
soin à la conservation du navire.

Il est de la nature du contrat d'assurance que l'assureur prenne
à sa charge toutes les pertes et toutes les détériorations que peuvent
subir les choses assurées. Aussi répond-il envers l'assuré de toutes
les fortunes de mer, c'est-à-dire de tous les accidents de force majeure arrivés aux choses qui font l'objet de l'assurance, pourvu que
ces accidents soient arrivés sur mer.

Mais l'assureur ne répond pas des accidents qui arrivent par la
faute ou le fait de l'assuré, ou par la faute ou le fait du capitaine ou
autre préposé de l'assuré. Cependant il pourrait prendre l'engagement de supporter les accidents provenant du fait, de la faute ou du
crime du capitaine et de l'équipage. Du reste, cette clause que l'on
nomme responsabilité de la *baraterie de patron* doit être expresse ;
elle ne se présume pas.

De ce que l'assureur ne répond que de ce qui est la suite d'accidents, il résulte qu'il n'est pas tenu des droits qui sont des charges
de la navigation, tels que droits de lamanage, tonage ou pilotage, ni
des droits imposés sur les marchandises, tels que droits de douane
ou autres. Il en résulte aussi que les déchets ou diminutions prove-

nant du vice propre des choses, tels que le coulage des liquides ne sont pas à sa charge.

L'assurance peut être faite pour un temps indéfini ou pour un temps limité. Elle est faite pour un temps indéfini lorsqu'aucun terme n'a été fixé, ou lorsqu'elle est faite pour un voyage désigné sans indication de la durée des risques ; elle peut aussi être faite pour l'aller et le retour. Elle est faite pour un temps limité quand des termes de la convention il résulte que les risques doivent cesser à un jour déterminé, au bout d'un certain temps, ou à telle hauteur en mer ; elle peut être faite pour un temps limité avec désignation du voyage.

Habituellement la durée des risques est indiquée par le contrat ; lorsque les parties ne se sont pas expliquées sur ce point, si l'assurance porte sur un navire, des agrès, apparaux, armements et victuailles, les risques commencent à courir au moment où le navire met à la voile, et finissent à celui où il est ancré ou amarré au port. Si l'assurance porte sur des marchandises, les risques commencent au moment où elles sont chargées dans le navire ou dans les gabares, pour les y transporter, et finissent au moment où elles sont délivrées à terre.

Les règles qui viennent d'être données s'appliquent au cas où les parties ont gardé le silence. Mais elles peuvent les modifier, et étendre ou restreindre la garantie due pour l'assureur, soit dans ses effets, soit dans sa durée.

Lorsque la chose assurée est ou périe ou arrivée à bon port au moment du contrat, si l'on s'en tenait à la rigueur des principes, il est évident que l'assurance devrait être déclarée nulle ; mais une exception est admise dans les assurances maritimes, et la bonne foi des contractants valide l'assurance faite au moment où la chose assurée était ou périe ou heureusement arrivée, lorsque les contractants n'ont pas connu ou pu connaître l'événement qui a mis fin aux risques.

Mais s'il est prouvé que l'un des deux contractants a connu cet événement, l'assurance est nulle, et la fraude est punie de la condamnation à une somme double de la prime convenue, indépendamment, de la part de l'assureur, de la restitution de la prime, si elle a été payée d'avance. Il y a même, aux termes de l'article 366 du Code de commerce, présomption légale de cette connaissance, et par conséquent de la nullité de l'assurance si, en comptant trois quarts de myriamètre (une lieue et demie) par heure, entre le lieu de l'arrivée, ou de la perte d'un navire, ou celui où la nouvelle en est arrivée, et le lieu où le contrat d'assurance a été passé, cette nouvelle a pu parvenir dans ce dernier endroit avant la signature du contrat. Néanmoins les parties peuvent renoncer à cette présomption ; c'est ce qu'on appelle assurer *sur bonnes ou mauvaises nouvelles*. On ne pourrait alors faire annuler le contrat qu'en prouvant que l'assuré savait la perte, ou l'assureur l'heureuse arrivée, avant la signature.

La prime, dont le taux peut être fixé par les parties comme elles l'entendent, consiste soit en une somme d'argent, soit en marchandises, soit en services appréciables. Elle peut être d'une somme fixe ou de tant par mois. On peut stipuler qu'elle augmentera en cas de guerre lorsque le contrat est passé en temps de paix, et lorsqu'il est passé en temps de guerre, qu'elle diminuera en cas de paix. La prime peut être payée comptant ou seulement après l'événement ; on pourrai aussi convenir qu'elle ne sera payée qu'au cas d'heureuse arrivée, et qu'en cas de sinistre, elle sera compensée par l'assureur, jusqu'à due concurrence, avec ce dont il sera débiteur envers l'assuré.

Le contrat d'assurance doit être rédigé par écrit. L'acte qui le constate se nomme police ; il peut être à ordre et même au porteur. Une seule police pourrait contenir plusieurs assurances.

La police ne doit contenir aucun blanc, elle doit être datée, il doit y être énoncé si elle a été signée avant ou après midi, afin que s'il existe des assurances pour une somme plus forte que la valeur des objets assurés, on puisse reconnaître quelles seront celles qui subsisteront comme plus anciennes en date, comme aussi pour que l'on puisse reconnaître les cas où il y a lieu d'appliquer la présomption de nullité de l'art. 366.

Elle doit en outre contenir :

1° Le nom, le domicile et la qualité des parties, afin qu'il puisse être constaté si elles étaient capables ; le nom et la désignation du navire et le nom du capitaine. Néanmoins il est permis de faire assurer des sommes sur un chargement sans en désigner la nature, et sans faire connaître le navire où il sera chargé, ni le capitaine. Mais ce mode d'assurance ne peut avoir lieu que pour les chargements faits dans les échelles du Levant ou dans les parties du monde autres que l'Europe. Autrement l'ignorance où sont le plus souvent ceux auxquels ces chargements sont destinés de leur nature et du nom du navire sur lequel ils sont effectués les empêcherait de pouvoir les faire assurer. Mais il semblerait alors nécessaire que la police désignât celui à qui l'expédition est faite ou doit être consignée. Cependant, comme il peut arriver que celui qui fait assurer des marchandises qu'il a dans un pays lointain ignore ces détails, il est permis de s'affranchir de ces désignations par une convention.

2° Le temps, le lieu et la nature des risques, afin que l'on puisse facilement reconnaître après l'événement s'il y a des accidents dont l'assureur doive répondre.

3° L'indication des choses assurées et leur valeur, afin qu'il soit possible de vérifier si la somme assurée n'est pas supérieure à la valeur des choses assurées. Si cette valeur n'était pas indiquée dans le contrat, elle pourrait être justifiée par les factures ou par les livres, ou bien elle serait fixée suivant les prix courants au temps et au lieu du chargement. Si elle était indiquée en monnaie étrangère, la valeur des objets ainsi estimés serait établie selon le cours de cette monnaie en France, au moment du contrat. S'il s'agit de marchandises provenant d'échange fait dans les pays où le commerce a lieu par troc, leur valeur est réglée sur le pied de celle des marchandises données en échange, en y ajoutant les frais de transport.

4° La somme assurée et la prime.

5° Enfin les autres conventions qui peuvent être faites, telles que la soumission à des arbitres pour le cas de contestations.

En cas d'accidents aux choses assurées, deux voies sont ouvertes à l'assuré : le délaissement et l'action d'avaries. Le délaissement étant une mesure tout exceptionnelle, ne peut avoir lieu que dans certains cas déterminés. Mais les parties pourraient, par leurs conventions, soit exclure certains des cas de délaissement fixés par la loi, soit en ajouter d'autres.

Le délaissement peut avoir lieu dans le cas de prise. Comme, dans ce cas, il est souvent impossible d'avertir l'assureur à temps pour recevoir ses ordres, le rachat peut être effectué par l'assuré ; lorsque ce rachat a eu lieu ainsi, l'assuré doit faire signifier de suite la composition à l'assureur, qui peut déclarer par une signification faite dans les vingt-quatre heures de celle qui lui a été adressée, s'il prend ou non le rachat pour son compte. S'il ne le prend pas pour son compte, ou s'il ne répond pas dans ce délai, il doit payer la somme assurée ; si au contraire il l'accepte, il doit acquitter l'obligation prise par l'assuré relativement à ce rachat, et l'assurance continue d'avoir son cours.

Le naufrage ou l'échouement avec bris sont des cas de délaissement. Dans ce cas, le capitaine et les gens de l'équipage sont tenus de travailler à sauver tout ce qu'il est possible du navire et du chargement.

Sans éprouver un naufrage ou un échouement avec bris, un navire peut se trouver dans l'impossibilité de continuer sa route. Le capitaine doit alors s'occuper de trouver les moyens de le faire réparer. S'il ne peut y parvenir, ce navire doit être déclaré innavigable, et le délaissement peut en être fait. L'innavigabilité du navire donne également lieu au délaissement des marchandises lorsque le capitaine

a pu se procurer un autre bâtiment pour les y charger et les trans-
orter à leur destination.

L'arrêt de puissance ou embargo donne aussi ouverture au délais-
ement lorsqu'il a eu lieu après le voyage commencé. Dans ce cas,
omme dans celui d'innavigabilité, l'assuré doit, pendant le temps
urant lequel il ne peut pas délaisser, faire toutes les démarches qu
ont en son pouvoir pour obtenir main-levée de l'arrêt.

Si après un an expiré, à compter du jour du départ du navire ou
u jour auquel se rapportent les dernières nouvelles pour les voya-
es ordinaires, et deux ans pour les voyages de long cours, l'assuré
éclare n'avoir reçu aucune nouvelle de son navire, il peut faire le
élaissement à l'assureur et demander le paiement de la somme as-
urée.

Enfin le délaissement peut encore avoir lieu lorsque les choses
ssurées ont subi une perte ou une détérioration égale aux trois
uarts.

Pour parvenir au délaissement, l'assuré doit signifier à l'assureur
ous les avis relatifs aux choses assurées qu'il reçoit dans les trois
ours de leur réception, et faire en même temps son délaissement ou
éserver son droit à cet égard. L'assuré doit en outre, en faisant le
élaissement, déclarer les assurances qu'il a faites ou fait faire ou
rdonnées, et l'argent qu'il a pris à la grosse sur les objets dont il
ait le délaissement. Si cette déclaration n'était pas faite par lui, le
élai dans lequel l'assureur doit le payer ne courrait que du jour où
cette omission aurait été réparée.

Le délai accordé à l'assuré pour faire son délaissement est plus ou
moins long, selon que le lieu où est arrivé l'accident est plus ou
moins éloigné. Ce délai court en général du moment où l'assuré a
reçu la nouvelle du sinistre. Cependant dans les deux cas d'innavigabilité et d'arrêt de puissance, l'assuré ne pourrait pas faire le délaissement en signifiant à l'assureur les avis qu'il aurait reçus relatifs aux choses assurées; il devrait attendre l'expiration d'un

certain temps pendant lequel il est tenu de faire des démarches pour obtenir main-levée de l'arrêt, et pendant lequel le capitaine doit également chercher à se procurer un autre navire pour transporter à leur destination les marchandises chargées sur le navire innavigable.

L'effet du délaissement est de transférer à l'assureur, malgré lui, la propriété des objets délaissés, et de l'obliger au paiement de la somme assurée ou de la valeur des objets assurés et des frais de sauvetage.

Le délaissement ne doit pas être partiel, car il serait injuste que l'assuré pût délaisser les choses détériorées ou avariées, et conserver celles qui n'auraient pas souffert de dommage. Il ne pourrait pas être conditionnel, mais au contraire il doit être pur et simple, afin que les droits des parties soient de suite fixés. Il ne pourrait pas non plus être rétracté, et une fois qu'il a été accepté par l'assureur, ou qu'il a été jugé valable, la propriété des choses assurées est acquise à l'assureur du jour de la signification.

Le délaissement rendant l'assureur propriétaire des choses assurées, tous les accessoires de ces choses doivent également lui être attribuées. Ainsi le délaissement d'un navire comprend le fret des choses sauvées, et même si l'assuré avait reçu ce fret d'avance, il devrait le restituer à l'assureur.

Au cas de délaissement, l'assureur doit payer dans le délai convenu; ou, s'il n'en a pas été convenu, dans les trois mois du jour du délaissement signifié.

Quoique l'assureur poursuivi par l'assuré soit admis à faire la preuve des faits contraires à ceux consignés dans les attestations qui lui sont opposées, il doit cependant être condamné provisoirement au paiement de la somme assurée. Mais l'assuré peut alors être contraint de donner une caution, dont l'engagement est éteint après quatre années révolues sans poursuites contre elle.

L'assuré, de son côté, doit à l'assureur le paiement de la prime convenue. Cependant lorsqu'il y a assurance sur des marchandises pour une seule et même prime d'aller et de retour, et que l'assuré ne fait pas de chargement de retour, ou ne charge que pour une valeur inférieure à celle annoncée, l'assureur ne reçoit que les deux tiers proportionnels de la prime convenue, à moins de convention contraire.

L'assuré devant se renfermer strictement dans les termes de la police, le changement du navire ou du capitaine désignés et le changement de voyage mettraient fin aux risques, et la prime serait acquise à l'assureur.

Le contrat d'assurance est susceptible, dans certains cas, de résolution ou *ristourne*. Ainsi le ristourne a lieu pour défaut de risques ; par exemple, si des marchandises devaient être chargées divisément sur plusieurs navires, avec indication de la somme assurée pour chacun, et que le chargement entier fût fait sur un seul ou sur un moindre nombre que ceux désignés, l'assureur n'est tenu que de la somme qu'il a assurée sur celui ou ceux des navires où le chargement a eu lieu, et l'assurance est nulle pour défaut de chargement à l'égard des autres. De même lorsque le voyage est rompu avant le départ de navire, quelle qu'en soit la cause, l'assurance est annulée.

Si la valeur de la chose assurée est inférieure au montant de l'estimation qui en a été faite, il y a également lieu au ristourne. Mais il faut alors distinguer entre le cas où il n'y a pas fraude de la part de l'assuré, et le cas où cette fraude existe. Au premier cas, le contrat produit ses effets jusqu'à concurrence de la valeur réelle des choses assurées, et le ristourne a lieu pour le surplus. Au second cas, le contrat est nul à l'égard de l'assuré seulement, et produit ses effets au profit de l'assureur ; en sorte qu'obligé dans tous les cas de payer la prime, l'assuré ne pourrait pas, en cas de sinistre, réclamer d'indemnité. Lorsque plusieurs assurances successives ont eu lieu sans fraude sur le même objet, si la première couvre l'entière valeur de l'intérêt de l'assuré, les polices postérieures sont annulées. Si la première ne suffit pas pour couvrir toute la valeur des objets chargés, la seconde subsiste jusqu'à concurrence de l'excédent.

L'assurance serait encore sujette à ristourne lorsque, soit par fraude, soit même par erreur, l'assuré aurait fait à l'assureur des déclarations de nature à diminuer l'opinion du risque ou à en changer la nature.

Enfin, au cas de faillite, soit de l'assureur, soit de l'assuré, l'autre partie peut à son choix demander la résiliation du contrat ou une caution pour son exécution.

Lorsqu'il y a ristourne d'une assurance, l'assureur a droit à un demi pour cent de la somme assurée pour tout ce qui est frappé de ristourne.

Toutes les actions dérivant d'un contrat à la grosse ou d'un contrat d'assurance sont prescrites par cinq ans à partir du jour du contrat, sauf l'action en délaissement, qui, comme on l'a vu, doit être exercée dans des délais déterminés.

APPENDICE

DES ASSURANCES TERRESTRES.

Aucune disposition de loi ne réglementant les assurances terrestres, on est obligé de puiser dans les règles données par le Code de commerce sur les assurances maritimes les principes qui doivent régir les assurances terrestres, et de faire à ces dernières l'application de celles des règles relatives aux premières qui ont un caractère de généralité, en rejetant celles qui, à raison de la nature spéciale des assurances maritimes, paraissent devoir être applicables à elles seules.

Il faut, pour la validité des assurances terrestres, comme pour celle des assurances maritimes, qu'il y ait des choses exposées à des risques, et l'on ne peut étendre aux assurances terrestres la disposition qui valide l'assurance faite sur des choses qui n'existaient pas au moment du contrat, pourvu que les parties les eussent crues existantes ; car c'est là une disposition d'une nature toute spéciale, qui ne saurait être étendue ni appliquée sans un texte formel. Il faut en outre qu'il y ait une somme assurée et une prime dont le taux est laissé à la fixation des parties.

La police peut être faite sous signatures privées ou devant notaire. Elle doit contenir des énonciations analogues à celles que doit contenir la police en matière d'assurances maritimes, et notamment l'énonciation de ce qui est de l'essence du contrat.

La résolution du contrat d'assurance terrestre, pour quelque cause que ce soit, ne donne pas lieu à l'indemnité de demi pour cent de la somme assurée, sauf conventions contraires.

L'assuré est tenu, comme dans l'assurance maritime, au paiement de la prime, de veiller à la conservation de la chose assurée, et en tous cas de travailler à en sauver les débris; de donner avis à l'assureur des sinistres survenus, et de justifier de l'existence de ces sinistres.

Quant à l'assureur, il est tenu d'indemniser l'assuré de la perte éprouvée. Son obligation est même plus étendue que dans l'assurance maritime, en ce qu'il ne répond pas seulement des cas purement fortuits, mais encore des accidents arrivés par la négligence de l'assuré, pourvu que cette négligence ne puisse pas être considérée comme une faute lourde.

Le délaissement étant une mesure tout exceptionnelle, la faculté de délaisser ne saurait être étendue à l'assurance terrestre. L'assuré n'aura jamais droit qu'à une indemnité proportionnelle. L'assureur ne pourrait pas être tenu de prendre les débris pour son compte, mais on ne saurait lui en contester la faculté. S'il ne les prend pas, la valeur pourra en être déduite sur la somme assurée.

Quant à la prescription de cinq ans admise pour l'assurance maritime, elle n'est pas applicable à l'assurance terrestre qui reste soumise aux principes du droit commun.

POSITIONS.

1. La remise d'un billet par le perdant au gagnant équivaut à un paiement effectif.

2. L'emprunt fait pour payer une dette de jeu est valable, et le prêteur a une action pour obtenir le paiement de la somme prêtée.

3. Le gagnant aurait action contre le perdant qui s'emparerait de l'enjeu.

4. La rente viagère constituée sur la tête de deux personnes ne devra pas être réduite par le décès de l'une d'elles mais continuer pour le tout sur la tête du survivant.

5. La rente viagère constituée sur plusieurs têtes n'est pas nulle par suite du décès de l'une des personnes sur la tête desquelles elle est constituée, arrivé dans les vingt jours du contrat.

6. La stipulation, dans un contrat de rente viagère, que la résolution aura lieu pour défaut de paiement des arrérages, est valable.

7. La police d'assurance doit être faite double.

8. La preuve testimoniale du contrat d'assurance n'est pas admissible lorsqu'il y a commencement de preuve par écrit.

Imprimerie MAULDE et RENOU, rue Bailleul, 9 et 11.   4054